NATIONAL GEOGRAPHIC

Peldaños

PATRONES

El paso del tiempo

por Rebecca L. Johnson

Mucho tiempo antes de que existieran los relojes, se usaban el Sol, la Luna y las estrellas para registrar el paso del tiempo. El Sol sigue un patrón diario predecible. Parece salir por el este y moverse por el cielo hasta que se oculta en el oeste. Como parece que el Sol se mueve en el cielo, las sombras que proyectan los objetos cambian de ubicación en el suelo. Los primeros seres humanos aprendieron a calcular la hora aproximada del día según la posición del Sol en lo alto y la longitud y la posición de las sombras en el suelo.

Los obeliscos

Los antiguos egipcios fueron una de las primeras culturas que usaron objetos especiales para proyectar sombras y saber la hora con más exactitud. Los egipcios construyeron monumentos altos de piedra llamados **obeliscos.** Los obeliscos proyectaban sombras muy largas y así funcionaban como una especie de reloj. Los egipcios colocaban marcas alrededor de la base de algunos obeliscos. Las marcas representaban las divisiones del tiempo, similares a las de nuestros relojes actuales. A medida que el Sol recorría el cielo, la sombra de un obelisco se movía de una marca a otra. Los egipcios podían ver la posición de la sombra y saber qué hora era.

Los antiguos egipcios construyeron este obelisco. Se usaba para saber la hora.

Relojes de sol

La mayoría de los obeliscos egipcios eran bloques enormes y pesados de piedra. Las personas de la antigüedad vieron la necesidad de tener dispositivos más pequeños y más prácticos para saber la hora. Los **relojes de sol** fueron una respuesta.

Al igual que un obelisco, un reloj de sol emplea el movimiento de la sombra para marcar el paso del tiempo. El reloj de sol tiene una barra de proyección que se llama gnomon. Un gnomon proyecta una sombra en una superficie marcada con líneas.

Las líneas representan divisiones del tiempo y se parecen a los números de un reloj. A medida que el Sol se mueve en lo alto, la sombra del gnomon se mueve de una línea a otra. Esto indica la hora.

Algunos relojes de sol eran planos y otros eran curvos como un tazón. En el Palacio Imperial en Beijing, China, hay un reloj de sol antiguo esculpido en piedra que tiene forma de rueda. Se llama "rigui" en chino. El gnomon de metal que está en el centro proyecta una sombra en la superficie de piedra.

▲ Este reloj de sol se encuentra en el Palacio Imperial en Beijing, China.

Círculos de piedra

Las civilizaciones antiguas también registraban las estaciones. Algunas lo hacían marcando la posición del Sol en diferentes momentos del año con círculos de piedra.

Stonehenge es un gran complejo circular de piedra que está en el sur de Inglaterra. Bloques gigantes de piedra se elevan fijos como pilares. Forman un gran círculo externo y un círculo interno más pequeño. Hay piedras que yacen sobre la parte superior de algunas de las que están de pie. Los arqueólogos creen que la construcción de Stonehenge duró muchos siglos y comenzó aproximadamente en 3100 a. C.

∧ La forma de Stonehenge puede apreciarse mejor desde arriba.

Los arqueólogos son científicos que estudian las civilizaciones antiguas. Desde el interior del círculo de piedras, las personas de la prehistoria observaban y celebraban sucesos importantes relacionados con el Sol durante el año.

Los **solsticios** eran dos de estos sucesos. El solsticio de verano es el día con más horas de luz solar. Marca el comienzo del verano en el hemisferio norte. En el solsticio de verano, el sol naciente se alinea perfectamente entre dos de las piedras gigantes de Stonehenge. El solsticio de invierno es el día con el menor número de horas de luz solar. Marca el comienzo del invierno en el hemisferio norte. En el solsticio de invierno, el sol poniente se alinea exactamente entre otro conjunto de piedras en Stonehenge.

Este es el aspecto que puede haber tenido Stonehenge después de que se colocaran las piedras en su lugar por primera vez.

El calendario maya

Las civilizaciones más antiguas gradualmente desarrollaron calendarios para registrar los días, los meses y los años. Los antiguos mayas de Centroamérica observaron patrones de cómo parecía que se movían y cambiaban en el cielo el Sol, la Luna y las estrellas. Usaron estos conocimientos y las matemáticas para crear un calendario llamado Haab'.

El Haab' es un calendario anual. Tiene 365 días agrupados en 18 meses de 20 días cada uno y un mes que solo dura 5 días. Este calendario tiene un anillo exterior de glifos o ilustraciones mayas, que representan cada uno de los 19 meses. Cada día se representa con un número en el mes seguido por el nombre del mes.

Los antiguos calendarios Haab' son generalmente círculos esculpidos en piedra. Cada carácter esculpido representa una parte de un año de 365 días.

El concepto del tiempo era fundamental para la vida de los antiguos mayas. Los sacerdotes mayas recibían consultas sobre asuntos civiles, agrícolas y religiosos. El Haab' era el calendario que usaban para planificar cuándo plantar semillas y cosechar los cultivos. Los niños incluso recibían su nombre según la fecha en la que nacían. Sin embargo, los antiguos mayas también pensaban que los cinco últimos días del año eran de mala suerte.

El calendario romano

En Europa, los antiguos romanos idearon un calendario diferente que combinaba el **ciclo lunar** y las estaciones del año agrícola.

Al principio, el calendario romano solo tenía diez meses. Cada mes comenzaba con una Luna nueva. El calendario comenzaba en marzo con la siembra de primavera y terminaba en diciembre con la siembra de los cultivos de invierno. Los primeros romanos no contaban el tiempo que quedaba en el medio porque no se trabajaba en el campo.

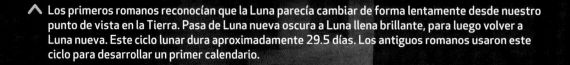

∧ Los primeros romanos reconocían que la Luna parecía cambiar de forma lentamente desde nuestro punto de vista en la Tierra. Pasa de Luna nueva oscura a Luna llena brillante, para luego volver a Luna nueva. Este ciclo lunar dura aproximadamente 29.5 días. Los antiguos romanos usaron este ciclo para desarrollar un primer calendario.

su calendario. Hacia el año 8 a. C., había 12 meses, incluidos *Januarius*, *Februarius*, *Julius*, *Augustus*, *Septembris* y *Octobris*. ¿Estos nombres te resultan familiares? Deberían. El calendario romano se convirtió en la base del que se usa en el mundo occidental en la actualidad.

GÉNERO Artículo científico

Lee para descubrir cómo es el clima monzónico en el Sudeste Asiático.

¡Monzón!

por Christopher Siegel

Hay mucho trabajo que hacer en Bangladesh entre las estaciones del año. Este granjero ara un arrozal.

Es verano en Bangladesh, hacia el final de la estación seca. El estado del tiempo es mayormente caluroso y húmedo. El aire se siente pesado y pegajoso. Es incómodo estar al aire libre con este calor. La tierra está muy seca y la vegetación se ha marchitado bajo el caluroso sol.

En muchos lugares la tierra se ha cocinado y es una costra dura, marrón y quebradiza. No ha llovido por muchas semanas y el polvo cubre el paisaje. Parece que todos los seres vivos se encuentran en un patrón de espera, y aguardan a que las primeras ráfagas de viento y las primeras nubes aparezcan en el cielo. El viento significa una cosa: pronto llegará la lluvia abundante de la estación húmeda.

Cada año Bangladesh tiene una estación húmeda, generalmente de junio a septiembre, y una estación seca, generalmente de octubre a mayo. Este patrón climático que cambia con las estaciones se llama **monzón.** Los monzones son vientos fuertes que cambian de dirección con la estación del año. Cuando los vientos cambian de dirección, el estado del tiempo también cambia.

Bangladesh es un país del Sudeste Asiático. El patrón de vientos monzónicos produce una estación húmeda y una estación seca.

Borsha: La estación húmeda

DE JUNIO A SEPTIEMBRE

En Bangladesh, los vientos que soplan traen el borsha, o estación húmeda. Entre junio y septiembre la lluvia es permanente. Llueve día tras día. Afortunadamente, la lluvia no siempre es un aguacero constante que dura todo el día.

PRECIPITACIÓN PROMEDIO ANUAL EN LAS CIUDADES DEL MUNDO

DHAKA, BANGLADESH
185.4 centímetros (73.0 pulgadas)

SEATTLE, WASHINGTON, EE. UU.
96.5 cm (38 pulg)

CHICAGO, ILLINOIS, EE. UU.
91.4 cm (36 pulg)

LONDRES, INGLATERRA
73.7 cm (29 pulg)

BEIJING, CHINA
63.5 cm (25 pulg)

Los días suelen comenzar con un aguacero, pero generalmente hacia el final de la tarde el cielo está despejado y azul. El aire sigue siendo caluroso y, por supuesto, es muy húmedo debido a toda el agua. Es difícil mantenerse seco. El agua de lluvia hace que los ríos y los arroyos se desborden. Las inundaciones rápidamente dominan la tierra y todo lo que hay en ella.

Se debe tener un cuidado especial durante la estación lluviosa. La inundación puede causar la pérdida de vidas humanas. A veces las inundaciones arrastran a las personas. Las propiedades también pueden ser dañadas. Los servicios, como la electricidad y el suministro de agua potable, suelen quedar destruidos. El transporte también se hace muy difícil debido a que los caminos y las vías ferroviarias se inundan. Muchas comunidades de Bangladesh y otros lugares se convierten en islas pequeñas, rodeadas por las inundaciones. Es difícil salir y entrar de las ciudades y las aldeas.

Los niños saltan los charcos a través de un campo inundado. Las inundaciones cubren rápidamente campos enteros a medida que la lluvia continúa a lo largo de la estación húmeda.

Los granjeros desmalezan un arrozal. Cultivos y otras plantas crecen rápidamente después de que retrocede la inundación.

Rabi: La estación seca

DE OCTUBRE A MAYO

En octubre, los vientos comienzan a soplar en una nueva dirección. Las personas sienten alivio porque saben que estas nuevas ráfagas de viento son una señal de que la lluvia pronto se detendrá y las inundaciones retrocederán. Están cansados del caos de las inundaciones y de las dificultades que producen. Quieren comenzar a limpiar y que también comience una nueva estación del año.

En Bangladesh esta nueva estación es rabi, o la estación seca. El estado del tiempo sigue siendo cálido aquí, pero ahora al fin es seco. Hay mucho trabajo que hacer mientras la tierra se seca. El trabajo es necesario para restaurar el daño de las inundaciones previas. Los servicios deben restablecerse. Los caminos y los puentes arrasados por el agua deben reconstruirse. Los campos deben sembrarse con cultivos como el algodón y el trigo.

Muy pronto la temperatura se elevará. Los cultivos crecerán, madurarán y serán cosechados. La tierra se cocinará una vez más y el paisaje verde se pondrá marrón. Luego el viento cambiará de dirección nuevamente. Las nubes de tormenta se acumularán de nuevo y el borsha, la estación húmeda, volverá. Es un patrón que se conoce demasiado bien en Bangladesh.

Compruébalo   ¿Cómo afecta el monzón la vida en Bangladesh?

¡EL DÍA D!

CÓMO LAS MAREAS CAMBIARON LA HISTORIA

por Rebecca L. Johnson

Era la primavera de 1944, durante la Segunda Guerra Mundial. Las fuerzas del Eje, incluidas las tropas alemanas comandadas por el líder nazi Adolfo Hitler, controlaban Francia. Las fuerzas aliadas, incluidos el Reino Unido, la Mancomunidad de Naciones, los Estados Unidos y la Unión Soviética, estaban decididos a vencer a las fuerzas del Eje y los ejércitos de Hitler. Los aliados planeaban invadir Francia enviando tropas a través del Canal de la Mancha, que desembarcarían en la costa francesa de Normandía.

Pero había un gran problema. Para evitar la invasión, los alemanes habían construido obstáculos en las playas de Normandía. Esta barrera de obstáculos se diseñó para trabajar con la **marea.** La marea es la subida y bajada repetitiva de los niveles del mar junto a la costa. Con **marea alta,** el agua del mar cubre las playas y esconde los obstáculos. Pero la marea alta también sería el mejor momento para que los barcos aliados desembarcaran a los soldados. Pero si los barcos aliados llegaban con marea alta, era seguro que chocarían contra los obstáculos ocultos y se hundirían.

¿Qué hicieron los aliados? Sus líderes militares decidieron que sus barcos llegaran con **marea baja.** Los obstáculos quedarían expuestos. Equipos especiales abrirían brechas a través de la barrera con explosivos. Esto haría que fuera seguro para los barcos acercarse a la costa cuando la marea comenzara a subir. ¡El plan solo funcionaría si los barcos aliados cronometraban su desembarco!

El comandante alemán, el Mariscal de Campo Erwin Rommel, inspecciona las barreras en marea baja.

> Las tropas aliadas se preparan para la invasión del día D.

La invasión se denominó en clave operación "Overlord". La planificación final comenzó a fines de 1943. Durante la preparación, los comandantes aliados revisaron mapas del Canal de la Mancha que las tropas aliadas necesitarían para cruzar y comenzar la invasión. La invasión aliada partiría desde los puertos que estaban junto a la costa del sur de Inglaterra. Navegarían hacia las playas controladas por los alemanes en Normandía, Francia. Pero debían decidir qué día y hora sería mejor.

El cálculo del tiempo entre las mareas baja y alta debía ser preciso y correcto. El patrón de las mareas debía calcularse al segundo. Solo en el momento exacto de la marea baja quedarían expuestos los obstáculos que cubrían la playa. Solo en la marea baja la invasión sería eficaz. Los comandantes aliados debían calcular las mareas. Necesitaban la ayuda de los científicos que estudiaban las mareas del océano. Un científico fue especialmente útil.

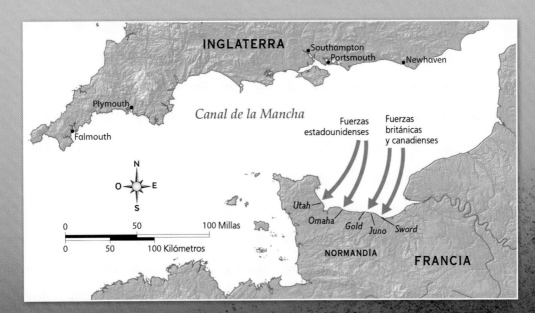

Las tropas aliadas debían cruzar el Canal de la Mancha. El Canal es una masa de agua entre Gran Bretaña y Francia.

La ruta exacta que cada barco recorrería a través del Canal debía diagramarse.

Arthur Doodson

El científico británico Arthur Doodson era experto en mareas. Trabajó en el Instituto de las Mareas de Liverpool. El instituto tenía dos máquinas mecánicas que predecían las mareas. Doodson les dijo a las fuerzas aliadas que podían usar las máquinas para saber cuándo habría marea baja en la costa de Normandía y qué tan rápido subiría la marea en las horas sucesivas.

Antes de que Doodson pudiera comenzar, necesitaba información detallada sobre las playas de Normandía. Su tamaño y forma influirían en el cálculo del tiempo de las mareas. En barcos pequeños, equipos de la fuerza especial británica navegaron a través del Canal. Realizaron misiones secretas a medianoche junto a la costa francesa para reunir los datos que Doodson necesitaba.

Con esta información, Doodson hizo muchos cálculos. Luego, programó las dos máquinas que predecían las mareas y comenzó a hacerlas funcionar. Doodson trabajó sin parar para hacer las predicciones de las mareas para las fechas de la invasión del día D.

Barcos y dirigibles cubrían la costa de Normandía.

Doodson usó esta máquina que predice mareas para calcular las mareas.

Notas escritas a mano detallan las mareas.

Poco antes del amanecer del 6 de junio de 1944, más de 5,000 barcos aliados llegaron a la costa de Normandía. Los alemanes no los esperaban. Estaban desprevenidos, y el comandante alemán, el Mariscal de Campo Erwin Rommel, ¡ni siquiera estaba allí!

LA INVASIÓN DEL DÍA D CAMBIÓ LA MAREA DE LA SEGUNDA GUERRA MUNDIAL.

Las predicciones de la marea que hizo Doodson y sus máquinas fueron bastante precisas. Los barcos aliados se pusieron en posición justo después de la marea baja. Los equipos de demolición fueron eficaces y abrieron brechas anchas a través de la barrera. Mientras la marea subía, barcos más pequeños llevaban decenas de miles de soldados aliados a las playas. Los soldados llegaron a la costa y comenzaron a abrirse paso hacia el interior.

Hacia el final del día, las fuerzas aliadas habían tomado el control de la costa de Normandía. Más de 9,000 soldados aliados murieron o quedaron heridos. Pero en general, la invasión del día D tuvo un gran éxito. Poco después, más de 100,000 soldados aliados comenzaron a marchar a través de Europa. Su misión era ayudar a "cambiar la marea" de la Segunda Guerra Mundial y vencer a Hitler y las fuerzas del Eje.

Los soldados aliados se abren paso hacia las playas de Normandía.

Compruébalo ¿Qué pasos se dieron para hacer que la invasión del día D fuera un éxito para las fuerzas aliadas?

El cometa Halley

por Rebecca L. Johnson

El cometa Halley se ha observado a través de la historia. Se ha registrado su paso de muchas maneras distintas. Pero se sabía muy poco acerca del cometa hasta que apareció Edmund Halley. Edmund aplicó los principios de las matemáticas y el descubrimiento científico para determinar el patrón de la aparición del cometa sobre la Tierra.

Edmund Halley

Edmund Halley era experto en reconocer patrones. Astrónomo, meteorólogo y matemático inglés, Halley fue el primero en ver los patrones de los vientos cambiantes de los **monzones** en la India. Pero se lo conoce más por descubrir el patrón que sigue un cometa. Él pensaba que un cometa que se había estado viendo las últimas centenas de años era en realidad el mismo cometa. Parecía que seguía un patrón.

Halley vio el cometa una vez en su vida, en 1682. Tenía 25 años en ese momento, pero nunca olvidó la experiencia.

Esta foto muestra el cometa Halley en el cielo nocturno. Se tomó en el desierto de Sonora en 1986.

Un patrón en el cielo

Veinticinco años más tarde, Halley calculó que el cometa tenía una **órbita** elíptica, o con forma de huevo, dentro del sistema solar de la Tierra. Su órbita acerca el cometa a la Tierra mientras la Tierra viaja alrededor del Sol. Halley observó registros históricos. Identificó al menos tres observaciones previas de cometas. Se percató de que estos eran registros del mismo cometa. Usó estos conocimientos para calcular que la órbita del cometa lo acercaba de nuevo a la Tierra cada 75 ó 76 años.

Halley ahora tenía la información que necesitaba para hacer una predicción. Calculó que el cometa regresaría en 1759. Tuvo razón, pero no vivió para ver el suceso.

El cometa Halley tiene dos colas. Estas colas son como bandas de gases, polvo y otros residuos que se desplazan. Las colas siguen el núcleo y la coma.

El cometa Halley tiene un núcleo sólido y una atmósfera nublada que lo rodea. Esta parte se llama coma.

El cometa Halley es visible a simple vista cuando pasa cerca del Sol. Podemos verlo desde la Tierra porque el gas y el polvo de su coma y sus colas reflejan la luz solar.

1531

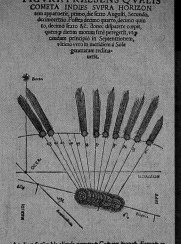

Dibujos de Pedro Apiano

Pedro Apiano era un astrónomo alemán. Observó el cometa en 1531 e informó que la cola del cometa siempre se extendía en dirección contraria al Sol. Apiano hizo ilustraciones de sus observaciones.

1607

Observaciones de Johannes Kepler

Johannes Kepler era un matemático y astrónomo alemán. Registró sus observaciones del cometa en 1607. Kepler creía que los cometas se movían en línea recta y los planetas se movían en una órbita elíptica.

1682

Avistamientos en 1682
Como Halley, muchas otras personas registraron sus observaciones del cometa. Este grabado muestra un cometa con una cola larga y brillante. La obra de arte muestra un interés positivo en cuanto a ver un cometa.

Reconocer el patrón

Desde los días de Halley, los historiadores, los astrónomos y los matemáticos han trabajado en conjunto para hallar registros de avistamientos del cometa. Muchos se remontan miles de años. ¡La aparición del cometa Halley ha sido un patrón repetitivo durante mucho tiempo!

240 a. C.

Recuerdos del gran historiador

Se cree que el primer avistamiento del cometa Halley en el registro histórico forma parte de un antiguo documento chino. Los registros del gran historiador mencionan la observación de un objeto brillante en el cielo que coincide con la descripción del cometa.

164 a. C.

Tableta babilónica de arcilla

En una tableta figura una referencia a un cometa que aparece en el cielo nocturno. Se describe que aparece por el este y se desplaza hacia el norte.

87 a. C.

Moneda grabada El rey armenio Tigranes el Grande quizá vio el cometa durante ese año. Al poco tiempo, hizo acuñar monedas con su imagen. Salía con una corona cubierta con una estrella que tenía una cola curva.

1066 d. C.

Tapiz de Bayeux El cometa pasó el año en que William, Duque de Normandía, tomó el control de Inglaterra. Una imagen del cometa se bordó en el tapiz de Bayeux. El tapiz es una tela bordada que muestra más de 50 escenas de la invasión.

↑
Cometa Halley

Gracias a los patrones y las matemáticas, sabemos que el cometa Halley se verá desde la Tierra aproximadamente cada 75 ó 76 años. La próxima vez será aproximadamente en el año 2061. ¿Cuántos años tendrás?

Compruébalo Calcula en qué año se verá el cometa Halley después de 2061.

Comenta

1. "El paso del tiempo" describe cómo el movimiento aparente del sol y la luna sobre la Tierra se ha usado para trazar el paso del tiempo desde la antigüedad. Descubre otras maneras en las que el movimiento aparente del sol y la luna siguen usándose en la actualidad.

2. "¡Monzón!" describe cómo cambia el clima en Bangladesh. ¿En qué se parece o se diferencia esto al lugar donde vives?

3. La lectura del día D describe el impacto de las mareas en la Segunda Guerra Mundial. Identifica otros sucesos que han sido influidos por las mareas.

4. El cometa Halley puede verse desde la Tierra cada 75 ó 76 años. Calcula cuántos años tendrás cuando puedas verlo.

5. ¿Qué otros patrones en la Tierra y el espacio te interesan? ¿Qué más te preguntas sobre estos patrones?